JN437861

돌고래의 꿈

돌고래의 꿈

초판 1쇄 인쇄 2018년 1월 20일
초판 1쇄 발행 2018년 1월 25일

지은이 | 김나영
펴낸이 | 배진한
디자인 | 류요한
펴낸곳 | 도서출판 온북스

등록번호 | 제 312-2003-000042호
등록일 | 2003년 8월 14일
주소 | 경기도 하남시 위례중앙로 215
전화 | 02-2263-0360
팩스 | 02-2274-4602

ISBN 978-89-92364-93-5 03810

돌고래의 꿈

김나영 첫 번째 시집

온북스
ONBOOKS

“사자처럼 대단하지 않게.
공작처럼 화려하지 않게.

그러나
호랑이처럼 묵직하게.
황소처럼 뚝심 있게.”

80년대 중반에 태어나,
2010년대까지 살아온 어느 사람의 내면을 담은 시,

찬란한 출발은 아닐지라도 빛나고픈,
누구나의 마음 속에 있는 번영의 욕망과,

끝없이 가지를 뻗다가도 뿌리로 귀속하던 많은 생각을
담은 기록을 모아
이 시집을 읽어주실 모든 분들께 바칩니다.

또한, 이 자리를 빌어
본 시집 출간에 도움을 주신
가족, 친구들과 지인분들.
국제문예 호남지부 여러분과
국제문예 선제 문인 여러분, 온북스 여러분께
감사 말씀 올립니다.

1. 존재

2. 수렴

3. 발산 I – 편지의 물결

4. 관찰

5. 발산 II – 외침

1. 존재

인간 존재와 정서에 대한 고찰

단지 그냥은 아닌

그냥 태어나서
그냥 죽는대도
그냥 사는건 아니길.

보다가 듣다가 말다가
어느 손길을 이끌어 잡는
불타는 욕망만이 나온 뜻은 아니길.

단지 그냥은 아닌
그무언가도 뇌리를 스치길.

시간에
남들의 눈치에
쫓기지만 않고

먼 옛날 성인의 시작과 끝처럼
쫓을 그 무언가도 곁에 있길.

박쥐물고기

흙에서 나서
땅 어매가 붙잡는 발로
어매의 너른 품을 디디고 서서
밝은 날에는 똑디 서서
어두운 날에는 어매께 거꾸로 매달려
박쥐처럼 그리 사는게 사람이던가.
나는 그러하던가.

어매에게 한숨처럼
어매가 지나온 날들보담은 아니지만
나도 많이 살았소
서릿결 머리 세어보며
삐걱대며 잘 움직이지 않는 몸
구석구석을 돌아보며
어매 내가 받은 나의 날은 끝났소
다 살았단 말이오
어매 그만 나를 놓아주오 하면

어매는 붙잡은 발목을 놓아주시고
나는 물고기가 되어
착한 것 나쁜 것 모두 품은 저 하늘 바다로
다리에 비늘 돋아
날아가려네.
헤엄쳐가려네.

허지만
사람 아가
아즉 너는 끝나지 않았다.
더 붙잡을테니 더 살아.
살아서 너가 없던 누리보담은
너가 있던 누리가 더 좋게
내보담은 작아도 바꾸어 이것아.
허시면
나는 그래도 살아볼라네.
나가 받은 이 목숨 값지게 써볼라네.

땅 어매
아즉 나를 놓치마시오.
하늘 아배
조금만 더 기다리시오.
나는 아즉
땅 어매랑 일굴
텃밭 같은 내 삶이 있으요.
내가 있는 누리는
내가 없던 누리보담은
새끼손톱보담도
나은 것이 있을것이어라.

나는
나가 받은 값진 이 삶을
누리에서 어여삐 누리고
하늘 아배 속으로
훌훌 털어버리고 날아갈 것이어라.

하얀 물결 같은 구름 사이를 헤치고
미리내 속을 짚어가며
빛날 것이어라.

어제도 그제도
나를 잡고 있던
땅 어매요.
오늘도
나를 잡아주소.
이 누리에서 내가 할 것들이 있어라.

오늘도,
나를 꽉 잡아주소.
발목에 시퍼렇게 멍이 들도록
그만하겠다고 다 떨치고
삶을 다 누리지도 못한 어린 사람 아가가
떠나겠다고 버둥대지 않게
꽉 잡아주소.

그렇게

하늘 아배가 얼굴 시뻘개지도록

화내시는 저녁에도

마알갛게 웃으시는

동트는 아침에도

잡아주소

어매.

각인

아르바이트를 마치고
풀죽어 땅만 쳐다보다가
도로에 새겨진 모양을 들여다보는데

어느 유명한 옛날 만화에서
까맣고 예쁜 나디아가 목에 걸은듯한
그 푸르고 반짝이는 모양처럼

지구 위 덮은 이들 모여보라고 했는데
문득 그 모양이 나온다면

모든 것이 죽어가는
운명을 거역하여

있음으로 없음을 죽이며
영원토록 번창하는 존재

그 야망에 받침돌 하나 놓는

욕망보담도 작은 한 꿈에 나를 맡긴다면

별뜬 하늘에 손가락으로 써본
투명히 자국도 없는
나의 이름이 높여질까.

땅가진게 최고라고
땅만 보고 고개 꺾인
사람들도 줄어들면

땅을 우러른다며
사실은 건물터로만 여기는
사람들이 줄면

쭈그린 도로에
긁어 새기려다
애꿎은 손톱만 닳켜 버린
나의 이름이 새겨질까.

하늘만도 땅만도
천착하지 않고
꿈만 보고 살았다며
겸손했던 누군가처럼

도로에 깔린 하얀 마름모가
바퀴에 지워져도
더한 시간이 흐르고
또 시간이 흐른 억겁 이후에도

허공에 써본 자국 없는
나의 이름은
불어온 바람에 흩어진
나의 이름은

각인으로
남을까.

명왕성 컴플렉스

누구에게나
좋은 일의 주역이고픈
마음이 있다.

누구에게나
흘러가는 시간 안에서
값지게 빛나고픈
마음이 있다.

하는 일의 값어치만큼
혹은 그보다 더 존중받고

하는 일만큼
혹은 더 귀한 일로
더 많이 부유해지고

때로는 자신의 하는 일이
크게 널리 남들을 움직이고
혹은 이롭게 하는
삶의 광경을 지켜보고픈 마음.

다른 이의 인생에서는
조연일지언정

정극 같든
웃기고 슬픈 단막 희극 같든
어디에서든
지나가는 사람 1일뿐이었을지언정

자신의 삶에서는
태양 같은 중심이 되고픈
마음.

비록
변방 중의 변방 같이 느껴져도

태양 입장에서는
이제는 딱히 제 식구도 아닌
명왕성이래도

명왕계를 만들어
주인됨을 꿈꾸는
패러다임의 전환.

전세 역전을 바라는 꿈
또한 있으며

오늘도
스스로의 중력을 키우며

무기 날을 갈듯이
자신의 날을 기다리는

운석 덩어리 같은 사람
또한 있다.

밀애

아침에 눈을 뜨면
타인보다 진한 욕심이
짙은 바닷물 한 컵을 들고
기다린다.

욕망이 건네는
누구보다 강한 질투
한 컵을 들이키고

그저 부러움이 클뿐이라고
속없이 웃음짓고

애인처럼 끌어안으며 친근하게
귓속말로 속삭인다.

오늘은 나를 어떻게 흔들고 갈증나게 할거야?

좋은 사람이란
뜨엣말을 놓지 못해
부러움과 친해보이려
애를 쓰지만

등뒤로 슬쩍 감춘 손으로
몰래 잡은 것은

목마른 내게
표정으로 능히 거짓을 말하라고
다른 사람이 너를 부러워하게 하라고
고개를 기울이며 매혹적으로 웃어보이는

친애하는 나의 욕망
70억 목숨보다 값지고 귀한 자신의 욕심.

이 작은 손에 나침반을

지금 옳은 것이
나중에는 옳지 않다하고

예전에는 틀렸으나
이제는 맞다하는 때에

발딛고 선 오늘과
수백년 전의 오늘과
억겁 이후의 오늘에도 옳은 것은
무엇일까요.

삶과 생명과 삼라만상을 꿰뚫어보는
혜안의 자력을 쫓는다며
오류를 옳게 여길까
두려워하는 제게

스스로만 옳다 생각다가
말의 감옥에 갇혀
극하게 다다를까
저어하는 제게

그득한 욕심에
우쭐하다 낙심하고
옳음도 그름도
비웃고 마는 제게

작은 이 몸뚱이 하나
가누기도 어려운
소소한 이 작은 손에

쥐어주소서,
나침반을.

아는 것보다 모르는 것이
더 많음을 절감하며
소복소복 쌓인 앎의 모래알 위에 딛고 선
이 작은 발에

내려주소서
나침반을.

겨울비를 맞고 첫눈을 맞고

준비 없이 겨울비를 맞는
굵은 빗방울을 열이 나는 몸으로 맞는

깊은 목구멍 속 튀어나온 손에
인질 잡힌 것처럼 턱을 치켜드는

작은 인간이 대면한 검은 하늘에서
겨울비가 첫눈으로 얼어 내려온다.

다 녹을 것처럼
오래 앓던 뇌가 청명해지고

다 놓고 뜨려던 오감이
제자리를 찾고

마음 속 심연은
머리 위 미궁 만리로.

억지로 뜯어 벌린 뇌에 귀에
밑빠진 독
콸콸 처부어지는 음표가
시멘트처럼 굳고
메꾼 자리에 마침내,
온존.

살아있구나.
번뜩 깬 이성에 겨워 흐느끼는 심야.
오래 몰랐던 냉한 촉각이 새롭다.

살아있구나.
생경하고 날카롭게 사유하야
오늘부터 새로이 존재하는 인간.

흐르는 눈처럼 눈물처럼
가만히 서있어도 초침처럼 여행하는
울고야 마는 인간은

제법 오롯이
온존.

손모아 깨달아

어떤 이는 말합니다.
지난 생이 있고
지금이 있고
다음 생이 있다고.

사람 사는 일은
수천해를 걸치며
둥그렇게 돌고 돈다고.

또다른 이는 말합니다.
한 번 나서 살다가 가면 끝.
다른 생은
결코 없다고.

어떤게 진실일지
별들을 굴리고
그 사이를 거닐던

저 우주 삼라만상께
묻고 싶어질 때면

땅에서 사는 동안은
조금은 참아볼까 하지만

너무나도 궁금할 때면
지혜로운 옛 말씀을
다시 보기도 합니다.

가끔은 아주 가끔은
하늘을 보고 지혜를 여쭙는

이런 구도가 허락되는
지금 순간이 참으로 감사해집니다.

그렇게 감사할 때면
윤회이든, 한 번 살든
저의 받은만큼은
은혜롭게 써야겠다
생각합니다.

그것은 오늘의 깨달음이요,

몇천년 후의 또다른 저
혹은 저의 자손이 보아도 기쁠
담백하고 진한
전승문일 것입니다.

오늘밤도, 참 깁니다.

갈라파고스 군도

도란도란 이야기는 해도
한밤의 우뚝선 개인처럼

바닷길은 열려있고
드문드문 배는 다니지만
뭍에서는 못보던 짐승 한 떼처럼

같은 곳을 본채로
한 목소리로 악은 쓰지만
닿아도 밀치기 바쁜
동떨어진 낱사람의 묶음처럼.

고이는 물처럼
정신이 고여 썩고
울타리 안 약한 것을 골라 죽여도
우리는 행복하다 우기는
그곳은 외딴섬의 무리들.

함께 먹고
찍기 바쁜 추억을 즐기고
웃으며 만나도 생각은 헤어진
그들은 대교로 통해도 닫힌 제도.

거실에서 티비를 보고
방에서 휴대폰을 끄적이며
관심없는 모두는 낱낱의 모래.

모여있어 외롭지 않다고
바다 위에 점점이 단꿈을 꾸는

우리는 갈라파고스 군도.

경계의 맞닿음

말랑말랑
영혼을 담은 육체의 경계.

몽글몽글
육체를 포장한 감정의 경계.

가득찬 장마의 비좁은 지하철
습하게 왜곡되는 경계는 불쾌하고

정신이 허락지 않는 맞닿음은
죄이고 상함이며 싸움이지만

지나치다 시선이 마주친 그 때
개인이 그저 화면을 바라본 그 때
다정히 인사하고 안부를 물으면

보들보들
얇은 피부가 점점이 닿은
세상에서 가장 애틋하게 무너지는 경계.

너울너울
구름보다 옅은 연결망조차
맞닿아 피어나는 따뜻한 아지랑이.

징검다리

점찍듯 태어나는 시작과
꺾이는 가지 같은 끝은 있을지언정
앎을 탐닉하는 인류의 욕망은 끝이 없고

한 사람 한 사람의 육신의 목숨은 끝이 있을지언정
점점이 찍혀지는 목숨들은 이어져 시간 속에 주욱
선을 긋는다.

불빛 없이 어둡던 동굴은
한 자 한 자 읽어내린 눈빛으로 밝혀지고

집앞부터 동네 어귀에 다다른 징검다리는
높은 산을 넘어, 깊은 바다를 건너,
푸른 집을 뒤덮으며 우리를 일깨웠다.

쏟아질 것처럼 푸른 집을 바라보는
공허와 만개 사이의 저 별들에게도
기필코 닿고야 말 것은
인류가 놓아가는 지식의 징검다리.

한 이파리처럼 한 떨기 목숨이 스러져도
결국에는 닿고야 말 것은
드문드문 별 같은 목숨들이 일군
빛보다 빨라질 인류의 광선

이 아름다운 우주 변방 터전에서
별들 사이를 깡총 딛고
그물처럼 촘촘히 거듭날 것은

바로
알고픈 욕망이 빚은 생명의 이음
잇닿은 무한의 뻗음이다.

영원

변하지 않는 단 한 가지는
모든 것은 변한다는 것.

모든 것이 변하는 절대의 아래라도
영원한 것은 있다.

태어나길 원하지 않았대도
원하는 때에 죽기를 꿈꾸고

살거라면 행복하게.
기왕이면 잘 살려는 마음.

사는 것이 더이상 고귀하지 못할 때
자신의 뜻으로 자신을 거두려는
안타까운 그 마음조차

자신의 뜻대로 살려는
영원한 욕망.

모든 것이 너무 빨리 변하는 지금임에도
영원한게 있다면

아마도 유한한 삶들의
영원한 욕망.

조용히 타는
그 불꽃으로
다른 영원을 쫓는
지극하고 추하고 아름다운 지향.

卵의 진화

[1]

아직도 알인가, 卵인가.

그 뜨뜻미지근한 껍질 안에서 안일해짐을 싫어하는
R을 써서 떨치고 나아가고 싶은
내 세계의 껍질을 깨뜨리고 날고 싶은 풋내기 병아
리인가.

그 어리석은 병아리는

스스로 기회를 꺾은 것인지,
스스로 날개를 접은 것인지,
따뜻하게 둥지에 품어진 것인지,
마음 한가득 의문을 안고

스스로는 답을 알지 못한채
알지 못하는 앞날을 앞에 두고

지나온 날들을 뒤에 두고

소용돌이 같은 혼란함을 안고
오늘을 살았네.

[2]
아직도
알인가,
卵인가.

아니면,
이미 중닭이면서
차가운 공기를 들이쉬는 이 누리를
껍질 안으로 착각하는
것인가.

아니었다
이미 알았다.
이미 중닭이 되었지만
지금 사는 세상을
또 하나의 거대한 알처럼 인식했던

자신의 상처만 억울하다 주장했던 안일했던 중닭.

알처럼 작던 스스로의 세계를
그 껍질이 확장되기를
바라고 또 바라 마지 않던

중닭.

더 큰 비상을 위해 닳은 발톱을
바윗돌에 갈아 없애는

늙은 마음의 투계.

더 큰 비상을 위해
낡은 습관을 뽑고
편향된 인식의 틀을 갈아없애는

사실은 젊은

중평아리 투계.

[3]
부화하지 못하고 썩는줄로만 알았다며
한탄하던 卵은
스스로를 햇병아리 같다고 한숨쉬던 중닭이 되었고

실로 깨고 없애할 것은 자신의 낡은 생각과 습관이라며

매일매일 부리를 갈고 낡은 깃털을 뽑아없애는 젊은 투계가 되었다.

어제의 한탄과 오늘의 한숨이 다른,
노력하는 젊은 투계.

새근새근 잠을 자는
어느 대갓집 봉황알을
고개를 쭉 빼고 쳐다보다가
벅차오르다가

툭툭
제 어깨의 먼지부터 털고
슥슥
부리로 몸부터 추스르는

노력하는 젊은 투계.

2. 수렴

한 인간의 정립과 내밀한 고백

묻는다

아픈 기억은 마음 언저리에
묻고

화났던 생각은 대양 같은 마음 바닥에
묻어두고

괜찮다고 묻어두고.

문득 스며드는 그리움을 심장 곁에
묻히고

부서지는 햇살 같은 기쁨을 삶의 바탕에
묻히고

밝은 물감처럼
묻혀 비춰주고.

괜찮냐고 묻는 말에
괜찮다고 묻어두고.

사람과 삶과 사랑을 묻는 이의 투정까지도
고이 가슴에 묻어두고.

풍랑 일다가 파도 치고 잔잔한
마음의 대양을 품어 안은 하루는
조용히 밤과 함께
묻혀간다.

치열하지만 아늑하게 묻혀간다.

가끔 그 집에 간다

집 한 채 있는
마음문을 열고

그 집의
대문을 열고

그 집의
앞뜰과 앞뜰의 귀여운 강아지 곁을 지나

그 집의
현관문을 열고

그 집의
안방과 건넌방을 거쳐서

그 집의
아담한 작은 방에 호젓이 놓인

하얀 책상 속
서랍을 열면

그 속에는
나의 애상이 있다.

홀로 나만이 깨어있는듯
모두가 잠든 것 같은 깊고 깊은 밤에

나는
눈을 감고

꿈의
구름다리를 건너

그 집의
문들을 하나하나 열고

너에 대한 내 마음과 마주한다.
아련하게, 반갑게, 애틋하게.

밝은 날
깨어있을 때는 열지 않는

그 서랍 속의
마음과.

어느 아침

볼을 어루만지며 눈물을 닦아주고픈 그리운 얼굴이 보여
푹 잠들지 못하고 일찍 눈을 떴다.

어두운 새벽이 깨기도 전에
그렇게 울며 헤어진 후로 10년이 다되도록
손가락이 익숙히 기억하는 페이지에 접속해

잘 사는 실제를 확인하고
다시 눈붙이며 허상에게 부탁한다.

나를 지켜주었던 그리운 추억이고 아픔인 그를 닮
은 이여.
수많은 나의 새벽을, 아침을 눈물 짓게는 말아주세요.

잘 사는 오늘의 그를 연거푸 확인하고
울 것 같은 눈으로 바라보지 말라고 허상에게 소리
치다가 울먹이는

나의 새벽 꿈을 멈춰주세요.

멀리 이화원 호수에 가라앉은 마음으로부터 끌려나와
나의 하루를 가라앉게 마시고
행복한 오늘의 그에게, 실제에게 돌아가 주세요.

이미 과거이고 추억이며 상처인 내가
애써 가라앉힌 그 호수 밑의 반지처럼 가라앉아
세지 않은 물살에 천천히 깎여 모래처럼 스러져주세요.

해가 뜨면 녹아 흐르는 눈처럼,
눈뜨기 두렵고 쓸쓸한 어느 아침을 지우는 햇살처럼,
햇살이 가득히 스며들어 어두운 구석까지도 환해지
는 어느 숙녀의 무뎌졌던 마음처럼.

마음이 무너진 자리에 다시 기쁨을 짓도록
손가락 사이로 흐르는 모래 같은 기억이 되어주세요.

와해무한육면각체

(이상 시인님의 특정 시 스타일을 오마주했습니다.)

육면각체를 애호하던 너는
나의 애착하던 마—블.

너의 유희각체는 나의 무한의 紙塊

나의 일차원의 애착의 글줄은
너를 향한 이차원의 문단
너를 위한 삼차원의 두꺼운 紙塊

애착하던
나의
허망한

와해
무한육면각체.

입으로는 말을 못한 가련한 입체는

紙塊를 흩뜨려 일차원 객체로 폐기.

재회는 없을 碧眼
웃으며 송별

귀가하여 애착하는 너의 움직이는 모습이나
평면으로 구경하는 나는 못난 입체.

무수한 입체들의 아름다운 인연 위에 서서
그저 스스로를 살뿐인 너를 추억하는

잘난척하는 못난이였던 입체.

이제는

너만큼이나 나를 애호하는
입체.

방화

무엇도 잡히지 않아
답답함이 입술까지 차올랐고
갑갑함에 일어나 선홍빛 문을 열고 들어갔다.

낮에는 햇살이 밤에는 별빛이 비춰드는
아름다운 기타 속.

방의 아름다움과는 어울리지 않는
너저분한 액자와 사진첩들.

생각하면 무엇이든 구해지는
환상의 공간에서

나는 성냥 한개피와 석유 여러통을 구해왔고
액자들을 쌓아 기름에 적셨다.

선홍빛 문밖으로 나가
아까 깨어둔 문의 구멍으로

긴 막대기로 조심스레 집어다가
불 붙인 성냥, 툭 놓았다.

전에도 몇 번
이렇게 마음 속을 대웠던가.
그때도 이렇게 심장이 다 타버렸던가.

몇번이고 몇번이고
거듭 작은 심방에 불을 지르면
사사로움은 모르는 온전히 찬 사람이 될까.

잿더미가 된 애정의 방에서
다시 분홍 싹이 터도
다시, 태우면 되는걸까.

이렇게 아늑하고 사랑스런 방을 태우고
불이 번져 어버이의 그림 모셔진 방을 태우고
벗들의 쓸데없이 다정한 든 자리 난 자리도 태우고
필요보다 넘치게 따뜻한 사람들의 마음 속 보금자
리도 태우면

나는
원하는 것을 가질 수 있을까.

그저 나의 선망이었으나
나의 약점이 될지도 모를
그 오래된 아름다운 초상화도 태워야할까.

심상치 않은 흐름 속에
내게 약함이 될 것은 아무 것도 남지 않게
이제 그만

심벽을 긁어 불을 붙인
이 성냥 한 개피로, 태워야할까.

다정도 병인 요즘에

내 구태여 지켜온
나이 먹어도 아이 같이 지켜온
나의 착한 마음 위에서
덜덜 떨리는 손으로 성냥 한 개피를 들고 있는 것은

그렇게 다 불태우면
더는 내게는 순수함을 지켜줄 그 무엇이 없기 때문
이다.

돌아보기 I

유람하듯이 돌아다니며
글다발을 겸손히 흡수해본다.

이 분은 멋지게 쓰시고
읽는 사람들의 눈가를 맑게 두드리신다.

저 분은 피를 토하듯 붉게 쓰시고
시뻘겋게 묻어날 것 같은 인주로 마음에 도장을 찍
으신다.

나도 꽤 절절했던 때가 있었던듯 한데
요즘 내 글은 물통에 소금가루 한 알갱이 녹인듯해.

소금가루 한 알,
설탕가루 한 알,
어찌어찌 금가루 한 알,

반짝이지만 그뿐인
멋내려 애쓴 묶인 글.

달지도 쓰지도 않은
유치한 발음놀이.

눈물맛 따위는 안나는
싱겁게 늘어진 말들.

속은 그리
끓었는데
다탄 잿더미가 다시 불을 받고
끓고 있는데
글은 어째서 물보다도
맹맹한가.

덜 끓은 물처럼
펄펄 열기만 솟다가
나는 그저 쉬이 식을까.

고개를 젓고
주억거리는 말은

나도 넘고 싶다.
벽을 넘는 임계점.

나도 끓고 싶다.
퍼지는 증기처럼.

책을 덮고
작은 기계적 즐거움을 놓고
멋지게 글자 휘날리며 쓰고 싶지만

일단은 써본다
걸음마의 시.

지금 내 글은 걸어도
절뚝절뚝 절어도

내일의 글월문은 뛰어서
뛰어나고야 말아서
빠르게 높이 뛰는 명문이 되리라.

힘차고 힘있는 내달리리라.

나는

한 손에는 불
한 손에는 얼음.

두 눈동자에는
냉정과 열정을 가득 담고

뜨거운듯 차갑게
냉철한듯 다정하게.

헤아리기도 어려운
다양함이 떠도는

지금을 살기 위해
온도차이의 가면을 쓰지만

속내 감추고
외로울거라
짐작하지는 말아요.

나는 외로워도
쓸쓸하지 않아요.

차게 나를 지키고
따뜻이 홀로 행복하며
다른 행복을 모셔올 거에요.

내일도 미래도
모셔온 행복과 어울리며
더, 행복해질 거에요.

기름 속의 물방울

저는 제가 물방울 같다고 생각했어요.
그리고 주변을 기름 같다 생각했어요.

나의 부족한 어울리는 성질을
그저 내가 맑은 탓이면 좋겠다고
생각했던 것 같아요.
반드시 그런 것은 아니었는데 말이죠.

하지만 작은 물방울은
생각을 달리 해 기름에 섞여들었고
꼭 오래된 기름 내음은 아닌
다양함에 눈뜨게 됐습니다.

다른 고결한 물방울을
무리 없이 녹아들게 해주던
둥그런 물비누 가루비누들을 알며,
공존하는 방법을 깨달으며.

성질이 다르다며 주저하던
많은 물방울들을 다정히 세계로 이끄는
부드러운 비눗물 비누방울.
저도 그렇게 따뜻한 마음을 알았습니다.

비누가 물과 기름의 경계를 녹이듯
나를 섞여들게한 고마운 사람들.

물도 기름도 시간도 모두 흘러가는 이 세계에서
아직도 나를 세계로 이끄는 튼튼한 결합.

나를 녹아들게한 그 소중한 인연에
오늘도 공손히, 감사 드립니다.

안녕, 나의 친적

오늘도 안녕한가.
나의 오랜 친한 적이여.

내 인생의 숱한 일화 속에
내 마음에 구덩이를 파놓고
나를 잡아먹으려 기다리던
그 위험한 적이여.

나는 너를 잘 안다.
내 태어난 때부터 지금까지
나뭇잎을 갉아먹는 벌레처럼
나를 갉아먹으려던 그 텅빈 슬픔 너를

나는 너무나 잘 안다.

너는 한때 강성하여 나로 하여금
다시 태어나고 싶게 했다.

하지만 지식을 키우고
담대함에 의탁한 나는
세상의 비극을 깨달으며 너를 길들였다.

지구별의 아름다운 창조물과 피조물은
너를 작게 작게 흩뜨리고
너를 강아지보담도 귀엽게 줄였다.

슬픈 글을 쓸때나 내가 돌보는
나의 오랜 친한 적이여,

아직도 비극을 현실로 사는 이들 앞에서는
아무 것도 아닌 감정 찌꺼기여.

많은 이들의 생명을 취한 어두움.
그러나 내게는
손바닥 위의 길들여진 작은 아픔.

나의 오랜 친한 적이여,
오늘도 굶주린 작은 슬픔으로
비탄의 영감을 내게 주어라.

너만은 기필코 이긴다며 이를 갈던 내게
오롯이 길들여진 작은 우울이여.

그럼 오늘도 작고 가소롭게 평안하소서.

불손한 기도

현대의 목줄을
약하게도 세게도 쥐고 계시는
이시여.

여기 작은 인간,
당신께 무릎 꿇지도 아니하고
기도 올립니다.

그저 조용히 울다가 힘들다가
무서워하는 높은 곳에 갔다가
담담해져 내려온 이 생명에게

당신을 죽이려고도 무서워하지도
왜곡도 호도도 않고
그저 굳이 괴롭게 안고 사는 이 자에게
합당한 황금 같은 값어치를

천재성을 주소서.

대부분은 당신을 미워하며
그 미행에 몸서리치고
지배된걸 깨달으면 도망치다 죽고 마는

저 약한 인간들을 따르지 않는 대신에
멸망하지 않는 예술을 주소서.

죽으려 사는건 아니지만
멸종이 운명이면 받들겠다는
저 숭고한 사람들의 몫까지

전하고 또 전해서 없어지지 않을
멸망하지 않는 명성을 주소서.

코속이 다 아리도록
익어가는 썩어가는
짧은 감각의 향기 위로

주름지는 껍질을 거스르는
불손한 불멸

시간이 죽어도 스러지지 않을
의지를 주소서.

체크메이트

소용돌이치는 찰나의 반응이여,
계속 나를 자극하여 미래를 원하게 하소서.

바라던 모든 것이 한때에 고정되어
심연으로 끌어져 갇히게 말으시고

나를 과거에서 집어내시고
현재의 판에 인식의 지평으로
묵직하게, 한 수 두게 하소서.

과거로 침잠하여
구간반복하는 레코드판 위의 바늘처럼
삐거덕거리며 혼이 닳게 마시고

죽는 그날까지 오늘을 살며
내일로 미래로
걷고 뛰고 쉬다가 또 걷게 하소서.

바야흐로,
나의 삶으로 완성되는

받으소서,
욕망을 따르다 그의 목줄을 잡는
체크메이트.

문밖에서

밝아오는 날
깨어있을 때는 잘 닫아두었던
그을음 남은 서랍 속의 내 마음은
내가 바래온 것들의 근원이었다.
아련하던, 반갑던, 애틋하던.

돌아오며 그 집의 문들을 하나하나 닫고

꿈의
구름다리를 다시 건너와

나는 눈을 뜬다.

홀로 나만이 깨어있던
모두가 잠들었던
깊고 깊은 밤을 지나

아침이 오는 그 속에는
나의 선망이 있었다.

타고 남은
하이얀 책상 속
서랍에 다시 넣어놓고

마음 속 집의
아담한 작은 방에
호젓이 두고

그 집의 건넌방과
안방을 지나와서

어느새 다시 지어진
그 집의 현관문을 닫고

그 집의 앞뜰과
앞뜰의 귀여운 강아지 곁을 지나

그 집의 대문을
닫고 나오면

다 태워도 어느새
오도카니 서있는
마음 속 집이 서있다.

너머

빙그르르
빗대어 맴도는 비유를 넘어

이해해 달라고
선보이는 예시를 넘어

억 조 경이 모자르게
각각의 삶들을 치는 글자의 거친 결을 넘어

비명처럼 운율을 내지르고
스스로 그저 만족하는 혼잣말을 넘어

힘찬 웅변이 남부럽지 않게
한계 밖 현실세계로

사상의 수평선을 넘어
뚜벅뚜벅 책장 너머로.

3. 발산 I - 편지의 물결

내면을 정립한 한 사람이 밖을 향하다

시심의 밤 II

물가에 앉아
묵묵히

반짝이는 밤을 담아
지고지순히

서툰 솜씨지만
엮어내는 편지.

달빛은 고요하고
물빛은 찬데

자아내는 손길에
마음은 보석보다 아름답게.

적막한 대지 위로
깊고 멀리 시심만은 구만리.

한여름 밤의 꿈

그대는 말했어요.
여러분과 함께 이대로 도망치고 싶다고.

그때는 어느 여름,
아름다운 속초 바닷가.

그렇지만 그대는
시간이 지나도 계속 노력했고

숨고 싶었을 순간에도
홀로 나와 인사를 했고

도망치고 싶었을 순간에도
당신을 보러온 사람들을 보며 웃었습니다.

그대의 바라기였던 날이
기쁘기만 한건 아니었어요.

젊지만 어리지 않기에
자랑은 커녕 이야기도 힘들었고
바라기하느라 애인 없냐는
오해도 피하고 싶었죠.

그래도 그대를 자랑은 어려워도
그대와 또다른 사람들에게는 자랑이고 싶었어요.
지금도 그렇죠.

사람 대 사람으로 보답받기는 어려워도
눈에 띄게 지쳤어도
내가 아니어도 그대에게 의미 있는 사람들이 많음
에도
도망치고 싶지 않았던건

막상 쓰려니 정리하기 어려운
밀려드는 많은 이유 때문일지도 모르지만

숨고 싶어도 숨지 않았을 그대의
다시 서는 그 수많은 이유에
큰 이유는 아니라도 작게 보탬이 되기를 바라는 그
마음.

좀 더 솔직히, 이기적인 이유로는
내 마음의 최후의 쉴 곳.
이미 안 것이 많아 순진은 못한 못할 이의
마지막 순수의 보존처.

붉게 사랑하지는 않으나
발그레 마음을 물들이며
사랑하는 방법까지 배웠던 특별활동.

자랑거리가 되고프다고
자존감을 높이게 됐지만
한편으로는 한없이 작은 나를 느꼈던

눈으로 담던 날들.

연애도 아닌데
연애를 어떻게 할지 배웠고

자존심을 지키면서도
오래 보고 싶다는 마음의 충돌을
어떻게 해결하는지

다분히 충동적인 나인데
들뜨고 가라앉는게 심한 나인데
그런 나의 마음을 길고 튼튼하게 잇게 했던

오른손잡이였던 나를
양손잡이로 변하게 했던

잊을 수 없는
잊기 어려운 그 무엇.

그래요.
그대는 내게 너무 달콤한 꿈이죠.
잊을 수 없는 한여름밤의 꿈.

이제 밤하늘이 밝아오고
어지럽던 이야기가 끝나고
낮에 별이 뜨길 기다리던 숙녀는 잠에서 깨죠.

어제도 내일도 수고로운 별, 그대에게
부디 나와 다른이들의 바라봄이 꿈결 같기를.
그대의 수고로움을 덜어내고 기쁘게 할 마음에
내 마음도 보태지기를.

나침반을 잃은 누군가가 올려다볼
북극성처럼 빛나기를.

언제까지일지 모르는 나의 머무름이
조금만, 조금만 더 길어지기를.

나의 별이여, 지금 어디에서 빛나는가
찾지 않아도 늘 빛나는 그대이기를.

나의 아침이 오고
눈을 떠 잠에서 깨고
밤의 꿈을 끝내도

이따금 요란하지만 달콤하게,
너무 달아서 깨기 싫었던
그해 여름날의 백일몽 같기를.

헌화

이름 모를 눈물꽃
가상공간 작은 계정에 피어있거든

그저 사람들이
왔다 갔구나.
왔다 갔구나.
하셔요.

닿지도 않은듯
하지만 고개 들면 가는듯
부르면 올듯

그저 사람들이 다녀갔구나.
다녀갔구나.
하셔요.

다 알지는 못해도
글자라도 건네온 작은 애도.

그저
짧게 들러 인사하던
사람들이

나누면 반이 된다는
슬픔을 내 슬픔을

도닥이는 작은 손길로
덜어줬구나.
덜어줬구나.
하셔요.

극한 II - 불연속 구간에서의 수렴

난 오늘도 달려가네.

너와 나의 끊어짐을 생각다가 고개를 젓고
다시 나는 달려가네.

어제도 오늘도 내년에도 그 다음에도
나는 끝없이 달려가네.

좌표평면의 네 옆으로
조금 더 달려가네.

너의 성에 너는 없대도
너는 이미 높은 점이래도
그 빈자리로, 나는 달려가네.

관점 I

나는 그대를 끊임없이 질투해.

어딜 봐, 나만 봐.
지나가는 미인 쳐다보지마.
내가 안볼 때도 나를 봐.

어디로 숨쉬는거야.
나도 이렇게 향기로운데
지나가는 공기, 떠도는 입자는 왜 들이쉬는데.

나 아닌 다른 미남 칭찬하지마.
그대의 과거 현재 미래 모두 내꺼야.

그대의 과거와 나를 비교하지마.
그대의 현재에서 내게 충실해.
그대의 미래는 나와의 또다른 지금이어야해.

나는 그대를 사랑해.

그래서

그대의 모든 것을 끊임없이 질투해.

관점 II

나는 너를 끊임없이 사랑해.

어디 보니. 무얼 볼까.
지나가는 무엇이 그리 재미있을까.
너의 옆모습과 콧대를 보다 살며시 웃고

어깨 즈음에 얼굴을 묻으면
따뜻하게 다가오는 니의 향기.
무뎌지면 안되기에 가끔은 환기하지.

너 아닌 다른 사람의 인간다움을 질투 말아줘.
너와 함께 우리의 현재로 미래를 만들고 지난날을
치유할래.

지나간 일까지 가지라고 바칠 수는 없잖아.
함께인 지금을 더 소중히 해.
너와의 시간이 나를 깨우고 미래로 이끌어줘.

나는 너를 사랑해.

그래서

너의 모든 것에 끊임없이 행복해해.

흔한 이별

싸우고 또 싸우며
다다른 벼랑 끝에 걸터 앉아

너의 기억을 부숴
바람에 날려.

모르고 싶다, 너를.
지기 낯선
다른 끝의 사람들처럼.

저 멀리
흩날리는 가루로
나를 지우는 너.

흘깃 보다 돌리는 고갯짓
너도 나를 모르고 싶니.

돌이켜 보면
우리는 많이 싸웠고

특별하던 우리는
빛깔도 향기도 닮아
재미없는 연애소설이 되었고

길고 재미나던 대화는
짧고 짧게 짧아져
단말마의 시조차 되지 않았기에

수많은 연인들이 울며 뿌리친
이별과 망각의 바다 앞에 와서
서로를 다시 흘긋대.

짙은 향수는
질색하던 나였고
그게 왜 싫으냐던 너였는데

왜
왜 나는
코끝이 간지러워지는거니.

레몬 한 조각 띄운 물조차도
나는 너무 좋고 너는 너무 싫던
그렇게 안맞던 우리였는데

왜
왜 너는
주머니에 레몬 한 알을 넣어두고 있니.

왜

왜 우리는

흔하고 특별한 사랑을 하다가

흔하고 특별한 이별 앞에서

한발자국도

움직이지 못하는거니.

극한 I - 발산

네게로 끝없이 다가갔다.
언제나 걸어가는 중이었다.

나는 네가 아니었고
너만을 가리키는 표식은
더더욱 아니었다.

너는 너만의 깃발만을 바랬고
그 깃발들만이 너의 성에 그득했다.

나는 그 성벽을 올려보다
작은 점들의 빽빽함에 탄식하다
시선을 돌이켜
양의 무한대로 나아갔다.
음의 무한대로 내려갔다.

계속 걸어도 네가 될 수 없다면
끝없이 가까워질뿐
나는 네가 아니라면

나는 끝없이 도망가련다.
잠자는 8을 건너보든,
0들의 친함을 구경하든,
그들에 그저 부대끼는
한 글자가 되련다.

한계란 없이 커지며 작아지며
너에게서 멀어지련다.

새벽별

느낄 수 있어, 희미하게

밝아오는 새벽녘을 보며
나의 해가 떠오를지 저물지
마음 졸여 바라볼 때

멀리 경계를 넓히는 빛, 어슴푸레

쨍한 태양빛도 이기는
낮에 뜨는 별들보다 환한
새벽별의 찬 불빛.

시공을 달리는 혜성보다, 환하게

색색 구름 찬란한 우주를 건너
곁으로 돌듯 아닐듯 아스라이 가까이
지구까지 몸소 온 새벽별의 은빛.

2020년의 데이트

벚꽃 같은 그대와
뙤약볕을 쬐오며
불그레한 낙엽처럼
추위에 얼은 손을 또 잡다가

문득
그 품에 얼굴을 묻고
뜨겁게 울어버렸습니다.

사랑다운 사랑이 귀했던
새로운 세기를 지나
겨우 만난

추궁하지 않는
나의 연인

그대는 꽃이요
나는 사람이라던
이들을 비켜세우고

그대가 꽃이면
나는 풀이라
친히 허리를 숙이어

키작은 나를
눈높이로 바라보던

마음씨 고운
나의 연인

바다조차 어는
한겨울에도
따뜻한 그대의 심장에
귀를 대고

흘려본적 없는
가장 진실한 박동의 눈물이
흐르도록

영원보다 오래 울고
영원토록 웃고 싶습니다.

그대여,
나와 다시 꽃다운 새해를 맞고
어느 찌는듯이 더운 날에
단풍보다 붉은 수박을 먹고
얼음보다 찬 바다에 가요.

그대여,

사랑하는 나의 그대여,

우리들의 어깨 위 책에

우리만의 이야기를 써나가요.

언젠가 대양을 걷던 여행가들처럼.

별들로 가는 길 (The Way to Stars)

(A memorial poem for Prof. Hans Rosling)

지금 걷고 계실 곳은
부디 지구를 두른 지혜의 계단이어라.
그 발 아래엔 애달프나 달게 삼키는
후손들의 축원이 함께 하옵서라.

칠십 평생 다정하고 날카롭게
바라보시던 지구는
여전히 시끄럽게 파열음에 쪼개져도
곧 빛이 나리라, 항성 아니라도.

얘들아 어찌 사니
얘들아 어디로 가니
오래도록 궁금케 보셨던 곳은
남기신 탁견으로 부디 밝아오리라.

뭉게뭉게 지구를 두른
별들로 가는 길에
가시는 걸음걸음 춥지도 어둡지도 않게
함께 할 것이리라, 선현의 등불.

손을 잡고 땅을 딛고

아득히 돌아가는 달리는 길 위에서
부러질듯 고통에 멈춰버린 작은 발걸음이여.

온당하지 않은 아비 어미의 매질에 덜자란 뼈가 부러져도
손찌검에 멍들고 무릎이 을크러져도

아무도 너의 아픈 몸과 마음을 알아주지 않아도
무수히 깎아내리는 말에 눈물이 끊임 없어도

결코 지지 않는 어린 영혼이여.
마땅히 소중히 값지며 빛나는 작은 어른이여.
이제 그만 내민 손을 잡고 일어나어라.

누구도 낼 수 없는 너의 목소리로
레코드판 같은 시간을 부드럽게 긁어내어라.

모두에게 자랑스레 당당히
곱고 맑고 무궁한 너만의 노래를 들려주어라.

누구나의 詩

오늘은 어땠는지
무슨 생각하는지
어떤 꿈을 꾸는지
나즈막히 적어봐요.

쓰는 수고로움이 쓸수록
더 달큰하게 위로가 될
누구나의 글,
누구나의 詩.

곡을 붙여 흥얼하면
그것이 노래요, 악곡이죠.
불러요. 외쳐봐요.
모두의 노래인 것처럼 그대의 노래를 불러요.

쓰는 수고로움이 쓸수록
더 달큰하게 위로가 될
누구나의 글.
누구나의 詩.

모두가 똑같은 삶을 산대도
시 앞에 솔직하지 못할 때가 있어도
모두가 다르게 노래할 수 있듯이

모두가 다른 삶을 살기에
누구나 누리는 시로서
모두가 다르게 아름답게 속삭여요.
누구나 웃고 울고 노래 같은 시를 불러

한 우주에 한 지구에 허락된
귀중한 스스로를
삶을 일으켜요.

쓰는 수고로움이 쓸수록
더 달큰하게 위로가 될
누구나의 글,
누구나의 詩.

4. 관찰

살피며 성숙해진 마음과 생각

손끝의 서사

이 말로는 기둥을 세우고
이 문장은 서까래로 얹어놓고
고운 글자 하나하나 지붕에 얹을 거라며

인간은 글줄을 보며 시공간을 상상했고
머릿 속에 열리는 무궁한 상상력 앞에
일차원의 글줄은 문제가 아니었다.

누가 그렸는지 맞춰보라고
먼저 나온 친구들처럼 나를 이름 지으라고
나 예쁘지 않냐고 멋지지 않냐고

바삐 지나가던 이를 그 앞에 머무르게 하고
꼼꼼이 유혹하는 화폭은
아름다움을 찬탄하는 사람들을 모으고
널려진 욕망과 이야기를 불러모았다.

읽는 것보다 보는 것이 익숙한 때가 이르러
눈앞에서 웃기고 울리던 한시절 놀이패는 한 건물
안으로 모여
상자 속에서 웃고 떠들었고
흘김과 응시의 대상이 된 요염하고 두근거리는 자
태도 함께
뇌를 움켜잡고 본능을 파고들며 오감을 사로잡았다.

어여쁘고 멋진 모습에 눈길이 길들여진 사람들은
공들여 생각하는 은은함보다
여기 보라고 향기롭게 손짓하는
보기 좋은 것에 넋놓고 모이게 되었고

주욱 늘어진 이미지 속에 숨겨진 은유에
글로 말로 힘겹게 설득하는 말보다 강하게
이끌리게 되었다.

나는 이끌리는대로 한다는
사람들의 시대에서

붓으로 물감으로 시를 읊고
잘 꾸며진 사진으로 카메라로 수필을 쓰고
아름다운 몸짓으로 이야기를 쓰는 사람들의 손끝에서

새로운 시대의 새로운 서사
읽지 않고 보는 이야기가 탄생하지만

상상력을 위로하며
홀리지 않고 깨우치는
생각의 양식은 조금씩 상해간다.

클리셰는 지겨운 사람들에게
아름다운 클래식을 들려줄

귓가에 스며드는 음표처럼
부드럽게 프레임을 쫓을 눈동자처럼
먼지에 묻혀도 빛이 나는 그윽한 움직임은
조금씩 조각처럼 굳어간다.

세상을 보는 눈

오래 전에도
그보다 더 앞선 때에도
늘 어지러웠다던
지금 여기 이 곳.

시류만 편들지 않는다며
또한 작게만 신경쓰지 않는다며

냉정하게 관찰하고 뜯어보며
실질적인 것을 구하려는

알고 행하는 경지에 이르기를 바라며
그전에는 입을 닫은 누군가는

모든 것을 지켜보는 목격자인가.
그저 보기만 하는 방관자인가.

옳고 그름을 생각하지만
심판치 아니하려 노력하고

정죄받는 일을 괘념치 않으려 하지만
용기를 내기까지 많이 고심하다가

스스로에 문득
답답함을 느끼는 자는

열정이 넘치는 대인인가.
그저 편하고픈 속물인가.

어지럽다지만
겪어야 깨닫는 시대.

더 어려웠던 시대의 청춘들의 눈물은
지금의 청춘들이
다르게 또한 비슷하게 흘리겠지만

어떻게 살아야 옳은 것인지,
꾸준함은 얼마나 어려운지는

아주 오래전부터 오늘까지
늘 생생히 느끼는 이들이 많았고

오늘부터 멀리까지도
늘 생생히 기억하는 이들이 많을 것이다.

그러기에
어렵게, 조심스럽게
목격하듯이
손을 놓고 바라만 보듯이

경거망동하지 않고

조심조심

고견을 듣고

조용히 움직인다.

세상을 보는 눈만은

맑게, 또렷하게 뜬채로.

웃음이여

즐거움의 표현이여.

보는 이를 안심시키는
사회적 약속이여.

감정 없다던 뭇 짐승들의 마음에
진작부터 살고 있던 어떤 것을
놀랍게 드러내는 표정이여.

웃는 자신을 위로하는
얼굴 근육의 다독임이여.

스스로 조절할 수 없다면
고통일 움직임이여.

아이야 II

아이야.

너를 안은 따뜻한 품에 얼굴을 묻었다가
앞에 앉은 어른들을 바라보고
수줍은지 다시 엄마를 찾는 아이야.

엄마가 지쳐보여
옆에 앉은 아빠가 너를 받아들면
엄마마 하다가
이윽고 너를 닮은 아빠에게 옹알대는 아이야.

너를 세상에 살게 한
육신과 정신의 부모에게
아직은 아무런 약속도 확답도 않은채로

너를 먹여주고 재워주는
그 따뜻함이 그저 좋아
방긋 웃음짓는 아이야.

젊은 부부의 세번째 식구로
금강보다 귀한 손길로 감싸여
반짝이는 눈망울로
세상을 담아낼 아이야.

서툴지만 사랑으로 아껴 기르는
부부의 믿음으로 굳게 자라
삶을 담은 깊은 눈빛으로
받은 사랑보다 더 넓게 자랄

아이야,
내 친구의 아이야.

사랑받는 차세대로 태어나
사랑하는 후세대로 자라
따뜻함의 현신이 되어줄

아이야,
내 친구의 아이야.

서점 앞 풍경

이제 스무살을 겨우 벗어난듯 볼이 발간 아가씨가
무엇이 그리 어여쁜지 애인처럼 책을 보며
고개를 묻고 서점을 나온다.

애기씨의 도닥대는 발결에는
해가 다 넘어가도록 지글거리는 폭염에도
동네를 건너온 나이든 어르신이
신록처럼 어린 젊음을 힘에 겹게 본다.

나은 자리 든 자리가 다르고
웃었던 울었던 날들
살아온 날들이 모두 다른 두 여정네가
마주칠 것처럼 스치는 서점 앞에서

눈물겨운 시대를 온몸으로 부딪치다
끓는 삶에 데쳐진 나물처럼 지쳐보이는 어르신을
바라보고

보송하고 뽀얀 결이 눈이 부신 어여쁜 젊음,
그러나 다시금 어려울 때에 태어나
영어책과 전공책을 한아름 들고
자신만의 고민을 안고 가는 젊음을 바라본다.

아,
저들의 삶은 현기증 나는 풍경이다.

산 날과
살고 있는 날과
살아갈 날들이
한데 멈춘듯한 공간이다.

더위라도 먹은 것처럼
바삐 가던 발걸음을 멈추고
시간이 쉬어가는 자리마냥
스쳐가는 인연과 사건을 일깨우는

차라리, 한 장의 사진이다.

수천장의 연사처럼
사실처럼 사실로써 상영되는 영화처럼
차라리, 수십억의 연극이다.

푸른 구슬 I

저기는 우리의 깃든 곳이다.
반드시 찾아야 한다.
판 위에 아로새겨진 십계처럼
어린 눈빛에 베어드는 수복의 한.

우리는 반드시 하나로 뭉칠 것이다.
무뚝뚝하게 철과 피를 읊조린다.
귀기울인 어린 눈망울에 새겨진
빛 광과 미칠 광.

민족 위에서 민족 아래로
그들을 몰아가던 피비린내.
청년의 눈에서 베어나오는
어머니의, 할아버지의, 뿌리로부터의 한.

주변 이들의 눈치를 뚫고
힘으로 기술로 이루어낸 통일.
청년의 눈에서 흘러나오는
민족의 자부심과 엇나가는 복수심.

우리는 무슨 짓을 해서라도 부유해질 것이고
비웃던 자들을 무릎 꿇릴 것이다.
장년의 눈망울에서 흘러나와 지구를 뒤덮는 증오.

우리는 비웃던 자들을 무릎 꿇렸고
부유해진 우리는 어떤 일이든 할 수 있다.
장년의 눈망울에서 흘러나와 지구를 불태운 증오.

증오는 만나 푸른 별을 흔들었고
부서진 핏덩이처럼 푸른 별은 병들었다.

죽어서도 조아릴 노년이여,
죽어서도 잊지 않을 노년이여,
각자의 향해가는 곳은 부디 푸른 천국이기를.

모든 칼부림과 피내음이
지금도 짙음에도 불구하고.

우리들 발붙인 이곳이
각자의 푸른 지옥임에도 불구하고.

명왕성 I

나는 늘
내 자리에 있었어요.
그대들이 나를 무어라 정의하든.

나는
내가 다녀야할 궤도
부지런히 돌며 여기에 있었어요.

나는
우주에서 살아남으려
그대들의 얼음보다 차가웠지만

나는
봐줄 우주선조차 없었어도
늘 뺨 한 쪽에 사랑을 품고 있었어요.

나를 갑자기
사랑한다 하지 말아요.

나를 갑자기
행성이라 부르던
그때의 다른 세대였을 그대들처럼

카론을 이야기하며
아니야. 이제 넌 아니야. 하며
나보다도 차갑게 식어질 거잖아요.

나는 나.
나는 그저 나답게 따뜻한
신비의 천체.

물도 산소도 얼릴만큼 차가워도
나를 찾아온 작은 우주선에게는

따뜻하게 나의 얼굴을 보여준
다정한 천체.

비너스처럼
붉고 어여쁘지 않아도
한쪽 뺨에 홍조처럼
슬그머니 사랑을 내비치는
부드러운 천체.

나는 나.
그저 나답게 아름다운
나의 수명만큼 존재하는
대우주의 천체.

나는,
명왕성입니다.

달 I

(백제가요 '정읍사'의 일부 구절을 오마주했습니다.)

달토끼의 아름다운 집
여신이 산다던 신화의 은은한 대상.

가장 가까이서
어둠을 밝혀오던 빛의 반영체.
수만년을 두고 연모하던 사람들의 바람.

물결이 잔잔할 밤바다 새벽바다에
고운 용모를 비춰주는 바닷사람들의 등대.

별들보다 가까이,
지구의 속삭임을 듣던 비밀스런 친우.

환상과 과학의 매개체.

혼저 옵시는 여염의 님
잰 걸음 굽어보시고

높이곰 비추사
진길 뻘길 피하게 하시는
밤의 보호자.

가을 I - 모퉁이 돌면

버스를 타도 좋았을 거리를
문득 호젓이 걷고 싶어 내린 길.

은행잎, 단풍잎 쌓인 길을 저벅저벅 걸어서

멀리 보이는 덕수궁 돌담길의 모퉁이를 돌면

누군가 나를 기다리다
환히 웃어줄 것만 같은데.

속절없이 그리운 계절을 함께 할 이가
은은한 달빛 같이 있을 것만 같은데.

하지만 모퉁이를 돌면
아무도 없었네.

나무들의 단풍빛 울음을 맞고 서있던
나를 반겨줄 이는 없었네.

쓸쓸해진 바람, 환한 보름밤 공기만이
옷깃에 스며들었네.

내가 누군가의 기다림이 될까. 하다가
기다리는 내가 외로울까 고개를 저었네.

나도 모르게 내 팔짱을 낀 가을은
입에 단풍 이파리 하나 물고 작별을 고했고
저어 멀리서
그믐의 겨울이 걸어오고 있었네.

청령포의 노송

삼면에는 물.
한쪽은 절벽.

누구도 편들지 않으려던 상황처럼
무심하게 흘러만 가는 큰 물과
깎아지른 절벽으로 등돌린 거한 산은
편들지 아니하였나.

잠시 한양 쪽을 바라보며
소식을 기다리다가
보시던 책을 덮고
뜰에 나간 주인에게

큰 산은 아니래도
우리는 듣는다며
기울어진 소나무들은
이파리로 읍소하였나.

주인이 떠나는 날
울먹이던 소나무는
사시나무처럼 떨며
가지말라 솔잎을 떨궜을까.

눈물처럼 나려진
푸른 솔잎파리
낙엽보다 붉게 흙빛으로 묻혀
먼지 바람에 흩어지도록

절벽도 물도
길을 내주지 않던 자갈섬에는
묵묵히 나이 먹어온
소나무들이 산다네.

걷는 발이 아프도록
조약돌 쌓인

절벽과 물로 갇힌
자갈섬에는

허리 아픈 할배 할매처럼
길게 누워 수백년을 보낸
세월만큼 묵직하고 따사로운
소나무들이 산다네.

붉게 누르게 모두가 물들 때
잎새 푸르게 고개를 숙이고
고롱고롱 잠꼬대를 삭히며
혼자처럼 밤을 지새던
소나무들이 산다네.

잠들지 않는 뇌

(<쉬지 않는 심장>의 짝시)

사람은 잠을 잔다.

며칠밤을 새어도
결국은 무거운 눈꺼풀에
쉬는 일을 허락한다.

하지만 뇌는 계속 생각하고

심장이 심심할까 말걸다가
일만 하는 심장에게 샐쭉하여
혼자서 말랑말랑 꿈을 꾼다.

뼈 속에 갇혔다고 때로는 답답하지만

나갈 수 없다면 즐기기나 하자는
꿈꾸러기 몽상가
어려도 쪼글한 애늙은이.

답답함에 꿈꾸는 뇌에게
밤낮은 없다.

쉬지 않는 심장

(<잠들지 않는 뇌>의 짝시)

생물은 잠을 잔다.

며칠밤을 새어도
결국은 무거운 눈꺼풀에
쉬는 일을 허락한다.

하지만 심장은 계속 두근대고

심심할까 말걸은 뇌에게
놀아줄 수 없어, 바보야 하고
면박을 주고야 만다.

내가 쉬면 그건 우리가 죽는 거라는

꿈꾸러기 몽상가 뇌에게는
너무 무서운 진실일까 걱정하여
튼튼한 근육으로 뛰기만 하는 부지런이.

처음부터 끝까지 쉴 수 없는 심장에게
밤낮은 없다.

출사표

떨치고 나아가며
멋지게 쓰는 글이 출사표라던데

나의 출사표는 어떨까.
자주, 고민했었다.

열정이 가득하다며 으스댈까?
그런 허세는 부담이지.

평범하지 않은 환경을 강조할까?
더 대단한 사람은 많지.

소외감을 강조할까?
아니다.
배부른 소리다.
배부른 투정이다. 하다가

생각하고, 또 생각해서
조심스럽게 글로 적는다.

많은 이들이 품고 있는
열정, 끈질김, 용기
내게도 있다고.

이 좋은 것들에
타고난 게으름과 열등감을 녹여버릴
실행력과 경각심을 부을 거라고.

운칠기삼을 믿는 시대라도
내가 운삼기칠의 표본이 되면 정말 기쁠 거라고.

사자처럼 대단하지 않게.
공작처럼 화려하지 않게.

그러나
호랑이처럼 묵직하게.
황소처럼 뚝심 있게.

붓으로 쓰듯 무겁게

출사표.

텍스트로 적는다.

출사표.

을축년에 나온 자의 출사표.

5. 발산 II - 외침

속삭이듯 포효하듯 세상에 외치다

詩를 앞에 두고

글을 두고 선서까지는 아니라도
이건 생각해봄직한 일이에요.

기술 좋아 잘쓰는
시쟁이가 될텐가요,

마침표조차도 힘찬
시인이 될텐가요.

글줄께나 현란하게 던지고 잊는
글쟁이가 될텐가요,

물음표와 느낌표로도
이야기를 전하는
힘있는 작가가 될텐가요.

잘 써야한다고,
하지만 베끼면 안된다고,
그 고통에 떠밀려도

부족하다 되뇌이며
이것 저것 게걸스럽다가
한번 두번 여러번 금기가 당겨도

한번만, 한번이라도
꺾인 만년필에 찔려야 해요.

시가 깃든 책장에
검은 손길이 깊게 찔려야 하고

실망해서 돌아서는 몸짓에
무시하는 눈짓이 베여야 해요

전혀 돌이키지 않고
한번쯤 돌아보지 않은 자는

옳아서 힘을 얻은 글에게
뭉클해서 돌이키는 말에게
그들 앞에서 무력하게

우리는 당신에게 자유를 주었지
방종을 주지 않았다며
받을거에요, 쪽보다 서슬 퍼런 비웃음.

우리는 당신을 모른다는 외면,
자식보다 귀한 예술의 냉대,
받게 될 거에요.
반드시.

시를 앞에 두고

아리따운 손짓보다 강하게
군중을 이끄는 글을
곁에 두고

고요한 오감으로 관조하는 말을
뒷편에 두고

거울보다 시리게
생각해봄직한 이야기에요,
이건.

단가요

안전한 둘레에서 달콤한 것만 맛보시니
입에 손끝에 甘한가요.
단가요.

이게 전부인가요.
이게 단가요.

말에는 경계가 없다던데
이것이 한계인가요.
이게 단가요.

사람이 만든 언어에 사람이 갇히며
알고 싶고 말하고 싶은게 정말 이것이 다인가요.

달착지근한 손끝의 유희에 빠져
검푸르게 침잠하는 내면만 탐닉하는 것이
감(甘)한가요.
이게 단가요.

언어의 본질은 소통이라고 부르짖는
국문학자를 지나치며

나의 유희의 개체를 방해하지 말라고
귀를 막는 것이 결국 모두
다인가요.

습관성 피노키오 증후군

에즈넉에 녹음한 이야깃거리를 틀어놓고

멍하게 익숙하게 허연 화면을 보고

타닥타닥 글 한 줄 쓰고

거짓을 머금고 길어질 나무 코를 미리 다듬어놓고

또 한 줄 쓰고

펜을 깎으라던 그 칼로 벌써 자란 코끝을 좀 잘라내고

살벌한 시대에도 눈물로 펜을 들던 그분은 칼처럼
펜을 쓰랬지만

직업인데, 먹고 살아야 하는데, 날카로우면 깎여나
가는데 되뇌이고는 말고

한 줄 또 쓰고

또 자라서 화면을 찌르고 구부러진 코끝을 또 깎아 뭉뚱그리고

빠른 손놀림으로 한 줄 덧쓰고

나만 그런거 아닌데 왜. 하며

우는 대신 축축하게 좀먹은 눈 사이의 코뿌리도 조금 깎아내고.

만성 피노키오 증후군

올해 겨울은 춥대.

옆자리 동료가 조용히 말했다.

고개를 조용히 끄덕이고 다시 빈 화면을 바라본다.

어차피 습관이라 아무렇지 않게 쓴다.

많은 이들이 나무라던 거짓.

네 코 좀 보라고, 부끄럽지 않냐고 호통치던 이들.

하지만 덕분에 넉넉히 겨울 땔감이 자라나겠고

유난히도 추운 올해 겨울은 덕분에 따뜻하겠다.

끊임없이 길어지는 코를 잘라내 나뭇짐을 지고 시장 가서 팔면

마누라, 자식새끼들 먹일 밑천이 되는데 이걸 내가 왜.

오늘은 그 꼬장꼬장한 놈들에게 겨울에 땔감 구걸이나 말라고 엄포를 놓았다.

.

.

.

.

.

.

.

.

젠장.

또 코가 길어졌다.

공무도하가 2016

님이여 그 발걸음 떼지 마오.

사람들을 구하고 또 구하러
그 화마 속으로 또 들어가지 마오.

무쇠도 녹이는 그 불길에
숨결 휩쓸릴텐데
제발 가지 마오.

아,
그대는 기어이 걸음을 돌이키셔
손이 다 짓무르도록
타인의 안위를 지키셨네.

의로운 자들이 숨어살던 세상에서
또다른 의의였던 그대께서
이렇게 말도 아니되게 멀어지셨으니

유혹을 이기고
꺾인 기개를 다시 세우고
화를 채우던 의인들의 눈물이

눈물로 꺼진 화마보다도 거세게
찰랑이며 넘치니

어찌할꼬.
어찌할꼬.

글로 쓰기조차 참람한
올리는 바치는 시조차도 황송한
그대를 세상이 잃었음을

어찌할꼬.
어찌할꼬.

별이 지는 밤

만월은 산등성이 누우시고
신성은 폭발처럼 멀어지셨는데

적양은 오시는 중이런가,
흑야는 말씀이 없네.

힘겹게 뜻을 펴던 이들도 저물고
깨달은 자들은 입을 다문다.

어디에 있는가,
우리의 아침이여.

어느 고개로 넘어오는가,
우리의 찬란한 등불이여.

서른의 역전

([서른, 잔치는 끝났다]의 제목에 부쳐)

환갑을 살면 오래 사셨다며
잔치를 열던 날의 서른은
인생의 꺾임이었다.

그러나
고희를 살고 백세를 사는
오늘의 서른은

인생의 삼분지일

늦게 낳는 부모 밑에서
늦게 태어나 늦게 철들고
늦게 가정을 꾸리고

늦게 부모가 되어
늦게 손주를 돌보기도 하다가
늦게 죽는 오늘.

서른은 아직 이르다.
잔치를 끝내기에는.

시작일지도 모른다.
또다른 잔치 준비의.

진심에 혜안을 덧붙여

어리석은 진심은
차가운 사람을 돌려세우고
간교한 이를 풀어헤치는 묘약.

그러나 그 진심은
통할 상대를 알아보는 혜안이 덧붙여짐에
비로소 더 큰 힘을 얻을 수 있다.

진심만 앞세우다
스스로 못 지키지 말고.

혜안만 앞세우다
얕은 시대의 흐름에 흠뻑 잠겨들지 말고.

진심에 혜안을 덧붙여,
진심에 덧붙인 혜안으로.

어떤 하루

[1]

우리는 역사를 헤쳐온 위대한 나라에 산다.

생각은 많지만 고개를 끄덕끄덕.

시끄러운듯 소리가 들리는듯한 밖.

잘못 들었나 하다가

커지는듯 아닌듯 함성소리보다 무거워지는 마음.

강단 앞 어르신은 걱정 없이 말하는데.

책에는 자랑스러우라고 써있는데.

부끄럽다, 국격을 돌려달라 책장을 태우는 불빛에.

크게 웃지 못하고 생각을 모으고 앉은

그곳은 한글회관.

[2]

경찰들이 몰려가는 풍경.

덜덜 떨리는 두 손.

지금은 2016년인데 그런 끔찍한 일이 또.

젊은이들 젖먹이일 때 일이 또.

이 날씨에 물대포가 또.

두려운듯 방관하듯 뜨거운 잔을 꽉 쥐다가

하나, 둘 탁자를 잡고 일어서는 사람들을 보고

아직 식지 않은 잔을 놓고 일어서는

그곳은 광화문의 커피하우스.

[3]

상자 위에 앉아도 배기는 도로 바닥.

털썩 앉아 외치고 외치고.

이런다고 바뀌냐는 비아냥도 못들은척.

밀고 밀어 앞으로 앞으로.

목청껏 외치는 평화시위, 평화시위.

방패는 빼앗지 말고 전달, 전달.

적힐 역사는 오늘이지, 오늘이야.

이름 없는 불빛의 아우성에 가을부터 성탄 같던

그곳은, 광화문 광장.

다가오는 봄에는

다가오는 봄에는 터지듯이 피어나어라.

허리가 꺾여 풀빛 눈물을 흘리던 꽃들 풀들이
끊어진 줄기를 붕대로 감고 무럭무럭 자라
아기 묘목 꽃나무 숲으로 짙게 열리어라.

꿋꿋한 대나무 늘 푸른 소나무
참나무 밤나무 플리티너스

짙은 엽록 사이에도 불그락 누르락
당당하고 따사롭게 수북히 피어나어라.

쨍한 여름에는 그늘로 칭송받고
태풍에 몰려도 가련한 들풀 품어안고

가을에는 열매 맺어
한 고리에 점을 찍고

흩날리는 얼음 가루 꽃처럼 받아
눈매화 눈목련 눈사과꽃 눈배꽃

숨결조차 어는 엄동설한도
천리 만리 봄처럼 향기로와라.

다가오는 계절에는
꽃나무 잎나무 어린가지 끝조차도
알알이 아름드리 영글어 만발하여라.

천도

믿음이 우스운 때에도
신으로 불리는 아득함이시여.
차가운 물속이라도 헤매는 저들께
오늘만은 보송한 새 옷을 허락하소서.

먹이로 사치로 죽는 허다한 생명과
다르지 않다는 냉정함 대신

피눈물로 읍소하는 혈족들을
굽어살피소서.

종교가 우스운 첨단의 문명이라도
오늘만은 신성을 허락하소서.

생명은 꺼지면 그뿐
영은 모실 곳 없다고
모질게 일갈치 마시고

떠도는 넋 따사롭게 거두시고
떠도는 이 따뜻한데 보내소서.

원도 한도
피소금보다 쓴 사념도
바닷물에 다 녹게 하시고

다만 내내 울다가
눈동자도 마음도 긁힌 이들껜
합당한 달램이 따르게 하소서.

살아있는 자들은
산자들의 일을 마무리지어
맺힌 것 없게 보살펴 주시옵소서.

성화승천

(인도의 시인 타고르 님의 시 모음에 부쳐)

일찍이 한밤 중의 호롱불처럼
선명하게 따뜻하게 밤을 밝히던 코리아

작지만 또렷한 빛을 넓게 밝혀 하늘로 올리는 날
우리는 동방의 별이 될 것입니다.

마음에 선량한 강단이 넘치고
건강한 자존감이 높이 차오른 곳

사람과 앎의 연결은 자유롭고
바다가 땅처럼, 언어로 갇히지 않아 경계 없는 곳

거리에 내쫓겨 추웁도록 우는 아이를 거두는 자비로
움이 솟아나는 곳

부단한 노력이 사람들을 더 우수하게 갈고 닦는 곳

배움과 가르침이 만드는 복된 글자의 도도한 흐름이
마르지 않는 샘물의 근원 같은 곳

바다처럼 푸르고 높은 기운으로 지구를 휩싸며 높은
긍지와 존중이 흘러오는 곳

그러한 현명함의 넘침으로
저의 발붙인 조국 코리아는 성화승천합니다.

돌고래의 꿈

고래만큼 크지 않지만
새우만큼 작지는 않고

상어만큼 드세지 않지만
무리지어 먹이를 사냥하는 야성은 있는 그대.
돌고래, 돌고래여.

묻의 영장류만큼의 좋은 뜻글은 아니라도
소리로 주고 받는 훌륭한 말이 있고

거북만큼 오래 살지는 못하지만
지혜롭게 다음 세대를 키워 소중한 기억을 영속시
킬줄 아는 그대.
돌고래, 돌고래여.

고래 싸움에 새우등 터지는 바다에서
지혜와 언어로 생존하며
오랜 꿈을 품어온
돌고래, 돌고래여.

타고난 것이 때로 부족하여
빨리 앞서지는 못해도

노력은 하지만 힘에 부쳐
차라리 바다 위로 떠올라 모두 그만두고 싶어도

너의 지혜로
너의 담대함으로

긴 시간 참을줄 알지만
때로는 정의를 갈구하는 불같은 그 성품으로

때를 만나 바다의 큰 일원으로
부디 도약하길.

오랜 그 꿈이 이루어져
끼룩대며 웃어대는 하늘의 갈매기마냥
즐거이 복된 시대를 누리기를.

"타고난 것이 때로 부족하여
빨리 앞서지는 못해도

노력은 하지만 힘에 부쳐
차라리 바다 위로 떠올라
모두 그만두고 싶어도

너의 지혜로
너의 담대함으로

긴 시간 참을줄 알지만
때로는 정의를 갈구하는
불같은 그 성품으로

때를 만나 바다의 큰 일원으로
부디 도약하길."

서른을 앞둔 때,
서른으로 가던 때,
제 자신과 세상에 대해 생각이 많던 때 썼던
시의 일부 구절을 인용했습니다.

더 넓은 세상을 배우고,
듣는 시, 노래를 더 많이 알고
좋은 가사에 취하고

저만의 방식으로 글을 적으며
시로 부르기는 조금 민망했던
단문을 쓰면서부터

저는 어떤 사람인지,
어떻게 살며 무엇을 이룰지
고민하며 내딛던 발걸음이
시작되었던 것 같습니다.

자유롭게 시를 쓰고
노래처럼 노래 아닌듯 시를 널리 읊는 요즘,

한 편의 시가 이 시집을 읽는 분들께
작은 도움이 되기를,

누구나가 누리는 누구나의 詩를 찾아내셔서
더 행복한 삶을 누리시기를 진심으로 기원하오며,
이 책을 읽어주심에 진심으로 감사 인사 올립니다.

2017.4.10

담대한 코이가 되어
바다를 누비고 싶은
김나영 배상

온북스
ONBOOKS